101 DINGE

die jedes Paar einmal erlebt haben muss

W0317539

© 2017 Selbstimpuls Verlag,
ein Imprint der ANGRON GmbH
Würmstr. 55
82166 Gräfelfing

ISBN 978-3-96322-055-5

Bibliografische Information der Deutschen Nationalbibliothek:
Die Deutsche Nationalbibliothek verzeichnet diese Publikation in der Deutschen Nationalbibliografie; detaillierte bibliografische Daten sind im Internet über http://dnb.d-nb.de abrufbar.

Autorin: Alexandra Graap
Herstellung: Amazon Media EU S.à r.l., 5 Rue Plaetis, L-2338, Luxembourg
Bildnachweise: © Shutterstock / Elena Barenbaum

BONUS

25 weitere Dinge, die jedes Paar einmal erlebt haben muss

Jetzt kostenlos herunterladen

www.selbstimpuls.de/paar

1

Ein Kuss auf dem Eiffelturm

Was auf den ersten Blick wie ein Klischee erscheint, ist immer noch eine romantische Geste mit Erinnerungswert. Der gemeinsame Kuss auf dem Eiffelturm in Paris kann der krönende Abschluss eines Besuchs in der Stadt der Liebe sein.

Erledigt

2

Einen Tanzkurs besuchen

Es hat einen Grund, dass der Tanz in Filmen die Urform der Leidenschaft ist. Gemeinsam geht man mit einem Tanzkurs nicht nur einem Hobby nach, sondern findet vielleicht ein ganz neues Feuer für die eigene Beziehung.

Erledigt

3

Ein gemeinsames Fotoshooting beim Profi

Erinnerungen lassen sich auch heute noch am ehesten auf Fotos festhalten. Der Gang zum Profi bietet nicht nur Inspiration für das Shooting, sondern garantiert auch dass die Fotos in vielen Jahren noch eine schöne Erinnerung an die gemeinsame Zeit sind.

Erledigt

4

Ein Dinner für Freunde veranstalten

Eine gute Beziehung lebt auch immer durch den Kontakt zu den gemeinsamen Freunden. Durch ein Dinner im heimischen Wohnzimmer wird nicht nur die Freundschaft gefördert. Die gemeinsame Organisation und Ausführung eines solchen Dinner-Abends ist eine Herausforderung, die zusammenschweißt und die gemeinsame Chemie für Partnerschaft neu belebt.

Erledigt

5

Ein gemeinsamer Besuch im Theater

Das Theater ist das typische Symbol für kulturelle Unterhaltung. Es ist aber vor allem eine Möglichkeit, aus der bekannten Welt auszubrechen, sich hübsch zu machen und einen unvergesslichen Abend zu erleben. Und vielleicht findet man ja Gefallen am Theater und findet so ein gemeinsames neues Hobby

Erledigt

6

Einen Spieleabend veranstalten

Brettspiele sind wieder im Kommen. Gerade in Zeiten, in denen die meisten Menschen nur noch mit dem Handy unterwegs sind, ist das gemeinsame Spiel am Tisch eine tolle Möglichkeit Kommunikation auf alte Weise zu erleben und gemeinsam mit dem Partner oder mit Freunden Spaß zu haben.

Erledigt

7

Einen Liebesbrief schreiben

Es gibt Gefühle, die lassen sich einfach nur schwer mit dem gesprochenen Wort ausdrücken. Der Liebesbrief erlaubt einen längeren Blick in das eigene Seelenleben und ist ein ganz besonderer Beweis der Zuneigung für den Partner.

Erledigt

8

Das erste Date noch einmal erleben

Wie hat man sich kennengelernt? Wo hat alles angefangen? Würde man etwas anders machen? Diese Fragen lassen sich ganz einfach beantworten, wenn man das erste Date neu arrangiert. Wer sich an die Wurzeln der ersten Bekanntschaft erinnert, wird vielleicht alte und vor allem geschätzte Seiten am Partner neu entdecken.

Erledigt

9

Eine gemeinsame Sportart finden

Gemeinsame Aktivitäten gehören zu den Schlüsseln einer langen und erfolgreichen Beziehung. Eine gemeinsame Sportart wäre eine tolle Möglichkeit, wie man die freien Abende verbringt und gleichzeitig etwas für den eigenen Körper und die Gesundheit macht.

Erledigt

10

Eine Weltreise planen

Auch wenn man das Geld für die Reise nicht hat, ist die Planung einer Reise ein interessanter Einblick in die Sehnsüchte des Partners. Wer weiß, vielleicht wird ja zu einer anderen Zeit der Plan wieder aus der Schublade geholt und ist die Grundlage für eine tatsächliche Reise um die Welt.

Erledigt

11

Eine Wohnung gemeinsam einrichten

Die Einrichtung der eigenen Wohnung ist ein Faktor für ein harmonisches Zusammenleben. Man kann die Möbel und die Tapeten der eigenen Wohnung gemeinsam planen und aussuchen und sich auf diese Weise ein gemeinsames Nest für eine schöne Zeit schaffen.

Erledigt

12

Einen Sexshop besuchen

Natürlich ist auch das Miteinander im Bett wichtig für eine gute Beziehung. Der Besuch in einem Sexshop ist pikant, bietet aber vielleicht den einen oder anderen Anreiz für Vorlieben oder für neue Techniken, die das Beziehungsleben neu bereichern können.

Erledigt

13

Ein gemeinsames Wellnesswochenende

Gerade dann, wenn sich beide Partner in einem schwierigen und fordernden Beruf befinden, ist die Entspannung wichtig, um glücklich zu leben. Der gemeinsame Besuch in einem Wellnesswochenende ist eine intensive Zeit und bietet viele Möglichkeiten für schöne und entspannende Erinnerungen.

Erledigt

14

Einen gemeinsamen Drink gestalten

Es ist in der heutigen Zeit nicht mehr schwer, selbst einen Cocktail zu kreieren. Anhand der Geschmäcker von beiden Partnern wird man sich durch die verschiedenen Möglichkeiten probieren und am Ende einen Drink finden, der ganz exklusiv für sich und den Partner geeignet ist.

Erledigt

15

Ein Urlaub in einer einsamen Hütte

Einmal abschalten und die verschiedenen Einflüsse des Alltags hinter sich lassen. Das klappt nirgendwo besser als in einer einsamen Hütte - ob nun in einem Wald, in den Bergen oder an einem Strand. Hier lernt man sich neu kennen und genießt eine gemeinsame Zeit ganz ohne störende Nebengeräusche.

Erledigt

16

Ein Tandemsprung aus dem Flugzeug

Wer keine Angst vor der Höhe hat, sollte sich einmal auf dieses Abenteuer einlassen. Der gemeinsame Sprung aus dem Flugzeug ist ein einmaliges Erlebnis und wird in dieser Form mit Sicherheit etwas sein, von dem man den Freunden erzählen kann.

Erledigt

17

Ein langer Spaziergang durch die Natur

Gemeinsame Zeit in der Natur ist ein guter Schlüssel, um sich zu unterhalten und einfach Qualitätszeit miteinander zu verbringen. Warum nicht einfach mal alles liegen lassen und die umliegende Natur bei einem Spaziergang erkunden?

Erledigt

18

Ein gemeinsamer Kochkurs

Dass Liebe durch den Magen geht ist längst kein Geheimnis mehr. Das klappt natürlich noch besser, wenn man gemeinsam Leibspeisen findet oder neue Möglichkeiten des Kochens erlernt. Diese Möglichkeit bietet zum Beispiel ein gemeinsamer Kochkurs.

Erledigt

19

Eine gemeinsame Serie schauen

Es gibt heute viele qualitativ hochwertige Serien, die ganze Tage unterhalten können. Eine gemeinsame Serie ist etwas, auf das man sich am Abend freuen kann und genau die richtige Basis um sich gemeinsam einzukuscheln.

Erledigt

20

Ein gemeinsamer Einkauf auf dem Wochenmarkt

Für gemeinsame Zeit muss es nicht immer in die Ferne gehen. Schon ein gemeinsamer Ausflug auf den Wochenmarkt bietet viele neue Impulse und Einflüsse und nicht zuletzt Gesprächsstoff, der ganze Abende füllen kann.

Erledigt

21

Ein gemeinsamer Ausflug nach Venedig

Neben Paris gilt die Stadt Venedig als eines der bekanntesten Ziele für Reisen von Paaren. Die Stadt, mit ihren vielen Kanälen und den Gondeln, gilt als eines der am meisten romantischen Ziele in der Welt. Das sollte man selbst gesehen haben.

Erledigt

22

Eine gemeinsame Gondelfahrt

Die Möglichkeit einer Gondelfahrt durch die Kanäle von Venedig - oder einer anderen Stadt - ist mit Sicherheit eine der romantischsten Dinge, die man als Paar getan haben kann. Geführt nur von einem Gondoliere kann man den Zauber einer Stadt auf sich wirken lassen und die gemeinsame Zeit genießen.

Erledigt

23

Einmal gemeinsam kochen

Oftmals wird im stressigen Alltag die heimische Küche zu oft ignoriert. Statt die Herdplatten kalt zu lassen, sollte man einen Tag in der Woche vereinbaren, an dem man sich gemeinsam ein Gericht aussucht und es auch zusammen zubereitet.

Erledigt

24

Gemeinsam die Steuererklärung abgeben

Natürlich, kaum etwas ist so wenig mit Romantik und Leidenschaft verbunden wie die Steuererklärung. Zu einer Beziehung gehört aber nun einmal auch, dass man erwachsen sein muss. Die Steuererklärung birgt Stress und Konflikte. Wer diese Angelegenheit einmal durchgemacht hat, wächst noch enger zusammen.

Erledigt

25

Ein Weihnachtsfest für die Familie ausrichten

Weihnachten ist die richtige Zeit, um gemeinsam mit Freunden und der Familie in besinnliche Stimmung zu kommen. Natürlich ist die Organisation eines Weihnachtsfestes in den eigenen vier Wänden mit Aufwand verbunden. Belohnt wird es mit glücklichen Erinnerungen und fröhlichen Gesichtern rund um den Tisch.

Erledigt

26

Eine gemeinsame Sammelleidenschaft entwickeln

Das Sammeln ist eines der interessantesten Hobbys überhaupt. Es führt auf der Suche nach den fehlenden Stücken auf Flohmärkte, entlegene Winkel und gemeinsame Recherchen. Eine gemeinsame Leidenschaft für das Sammeln ist eine tolle Möglichkeit für die Freizeit.

Erledigt

27

Ein gemeinsamer Besuch auf dem Flohmarkt

Flohmärkte haben ihren ganz eigenen Charme, der schwer zu beschreiben ist. Aber eines ist sicher, ein gemeinsamer Spaziergang ist ebenso erquickend wie das eine oder andere Fundstück, das man hier nach langer und zäher Verhandlung für das eigene Heim oder Hobby erwerben kann.

Erledigt

28

Ein gemeinsamer Besuch bei IKEA

Das schwedische Möbelhaus ist die erste Station für die Einrichtung, für Dekoration und für neue Ideen. Man würde sich wundern, wie schnell aus dem kurzen Ausflug auf der Suche nach einem neuen Mülleimer viele Stunden in den Gängen und Regalen vergehen.

Erledigt

29

Ein Roadtrip durch die USA

Kaum ein Land hat so viele unterschiedliche Ecken, Zauber und Sehenswürdigkeiten aufzuweisen, wie es in den Vereinigten Staaten der Fall ist. Mit einem Roadtrip durch die verschiedenen Staaten entstehen gemeinsame Erinnerungen, die das gesamte Leben halten werden.

Erledigt

30

Ein Liebesschloss an einer Brücke anbringen

Das gemeinsame Schloss an einer Brücke symbolisiert die ewige Liebe zwischen einem Paar. Zudem kann man gemeinsam an den Ort zurückkehren und sich an den Moment erinnern, an dem man hier gemeinsam die ewige Liebe manifestiert hat.

Erledigt

31

Ein gemeinsames Haustier anschaffen

Ein Haustier ist eine tolle Lösung für all jene, die ein weiteres Leben in ihren eigenen vier Wänden haben möchten. Ob Hund, Katze oder Kaninchen - das gemeinsam gepflegt und umsorgte Lebewesen ist eine tolle Möglichkeit, die Partnerschaft zu ergänzen.

Erledigt

32

Ein Lieblingsrestaurant finden

Für gemeinsame Ausflüge am Abend oder Wochenende muss es nicht immer abenteuerlich sein. Wer die Restaurants in seiner Umgebung erkundet, findet mit Sicherheit ein Lokal, dass zur beliebtesten Destination für gemeinsame kulinarische Unternehmungen wird.

Erledigt

33

Ein gemeinsamer Besuch im Zoo

Der Besuch im Zoo ist nicht nur eine tolle Möglichkeit gemeinsam Zeit zu verbringen. Die Zoos verbindet ein ganz natürlicher Charme und gerade mit einer Jahreskarte ist es eine schöne Möglichkeit, Zeit gemeinsam in der Natur verbringen zu können.

Erledigt

34

Ein Abendessen für die Eltern veranstalten

Auch der Segen der Eltern spielt natürlich eine Rolle für den Erfolg in der Beziehung. Ein gemeinsames Abendessen aller Beteiligten ist eine tolle Möglichkeit für den Austausch und bietet neue Impulse für die Partnerschaft.

Erledigt

35

Eine Hochzeit gemeinsam besuchen

Die Hochzeit von Freunden und Verwandten ist nicht nur eine schöne Option, um Freunde und Verwandte zu treffen. Vielleicht findet sich hier ja der eine oder andere Impuls, um selbst ein paar Ideen für die schönsten Tage im Leben zu finden.

Erledigt

36

Einen „guten Vorsatz“ gemeinsam einhalten

Der gute Vorsatz gehört so sehr zum Jahreswechsel wie Feuerwerk und Feuerzangenbowle. Wie wäre es denn, wenn man sich einfach einen gemeinsamen Vorsatz aussucht, den man im Laufe der ersten Tage brechen kann anstatt einfach nur von den eigenen Vorsätzen enttäuscht zu sein?

Erledigt

37

Einen Erotikfilm anschauen

Der Sex spielt in einer Beziehung eine wichtige Rolle und gerade bei einem stressigen Alltag und einer langen gemeinsamen Zeit, ist es manchmal schwer, diesen Aspekt auf die richtige Weise zu pflegen. Vielleicht bringt die gemeinsame Betrachtung eines pikanten Filmes neue Impulse für das eigene Liebesleben.

Erledigt

38

Ostereier gemeinsam bemalen

Ostereier zu bemalen ist eine lustige und abwechslungsreiche Idee im Frühjahr eines jeden Jahres. Gemeinsam kann man der Kreativität freien Lauf lassen und sich später an den Ergebnissen erfreuen, wenn man die Eier für den Partner überall im Haus und im Garten versteckt.

Erledigt

39

Einen Besuch in Amsterdam machen

Die Stadt Amsterdam lockt nicht nur mit seinen Kanälen und seinen vielen Sehenswürdigkeiten, sondern auch mit einer entspannten Atmosphäre. Wer einmal die Gelegenheit, mit dem Partner die Stadt zu besuchen, sollte diese Option in jedem Fall für einen gemeinsamen Urlaub nutzen.

Erledigt

40

Mit dem Fahrrad durch Amsterdam

Das Fahrrad ist des Niederländers liebstes Verkehrsmittel. Gemeinsam mit dem Partner kann man Teil der Masse werden, die vielen Grachten und kleinen Gassen erkunden und Amsterdam auf die urtümlichste Art und Weise erkunden.

Erledigt

41

Ein Besuch auf einem Volksfest

Volksfeste verschiedenster Art gibt es überall in Deutschland. Vielleicht gelingt es einem ja sogar, den Partner beim Dosenwerfen oder beim Schießen zu überraschen. Natürlich darf der obligatorische Besuch auf dem Riesenrad in keinem Fall fehlen.

Erledigt

42

Einmal gemeinsam in der Ferne stranden

Was ein Horror für Touristen ist, ist eine Herausforderung für ein jedes Paar. Wer einmal komplett ohne Navi ganz auf sich angewiesen ist, wird gemeinsam arbeiten müssen, um am Ende das richtige Ziel zu finden.

Erledigt

43

Ein Besuch im Museum

Kunst und Kultur sind eine schöne Möglichkeit, die gemeinsam freien Stunden zu verbringen. Warum nicht einmal die Werke in einem Museum auf sich wirken lassen und auf diese Weise den Gesprächsstoff für viele gemeinsame Abende entwickeln? Zudem ist die Vielfalt der Museen einladend für gemeinsame Interessen.

Erledigt

44

Ein Besuch von einem Konzert

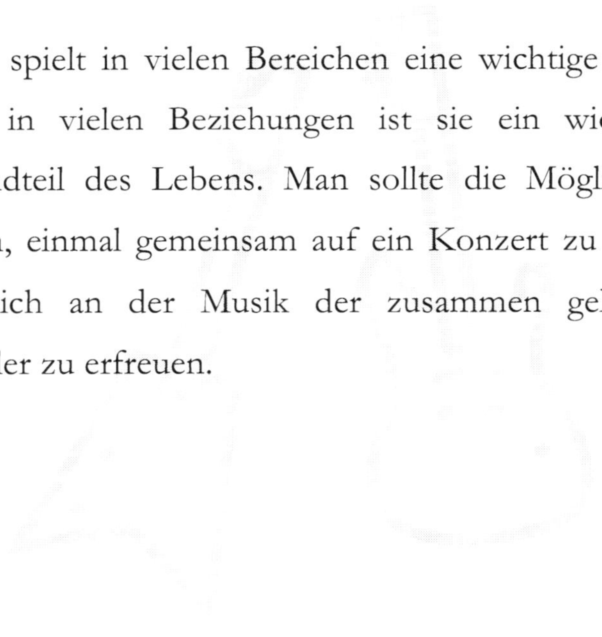

Musik spielt in vielen Bereichen eine wichtige Rolle. Auch in vielen Beziehungen ist sie ein wichtiger Bestandteil des Lebens. Man sollte die Möglichkeit nutzen, einmal gemeinsam auf ein Konzert zu gehen und sich an der Musik der zusammen geliebten Künstler zu erfreuen.

Erledigt

45

Zusammen eine neue Sprache lernen

Die Welt wächst weiter zusammen und Sprachkenntnisse sind heute im Beruf so sehr gefragt wie in der Freizeit. Allerdings ist es mühsam, eine neue Sprache von Beginn an zu lernen. Gemeinsam werden die Anstrengungen deutlich unterhaltsamer und der Erfolg wird sicher nicht auf sich warten lassen.

Erledigt

46

Durch New York City flanieren

New York City ist eine Stadt mit vielen Zaubern und Dingen zu entdecken. Für viele Menschen ist eine Reise in die Stadt ein unerfüllter Traum. Man sollte sich diesen Traum gemeinsam erfüllen und die vielen Dinge zusammen entdecken, die diese Stadt bereithält.

Erledigt

47

Gemeinsam Unterwäsche für den Partner kaufen

Hübsche Unterwäsche belebt nicht nur die Anziehung zum Partner sondern lässt die tragende Person sich besser fühlen. Es kann ganz interessant sein, einmal den Partner entscheiden zu lassen, was der geliebte Mensch darunter tragen soll.

Erledigt

48

Eine Hochzeitsmesse besuchen

Eine Messe für Hochzeiten ist nicht nur für Paare interessant, die den gemeinsamen Weg planen. Es ist ein toller Einblick in eine andere Welt und bietet viele Möglichkeiten für gemeinsamen Spaß an einem freien Wochenende. Und vielleicht findet sich ja Inspiration für die eigene Feier.

Erledigt

49

Sich ein Tier in einem Tierheim aussuchen

In einem Tierheim warten viele kleine Tiere darauf, einen neuen und vor allem liebenden Besitzer zu finden. Selbst jene Paare, die bisher nicht mit der Aufnahme eines Tieres in ihr Heim geplant haben, werden hier mit Sicherheit ein liebes Schmuckstück finden, das sie in den eigenen vier Wänden haben möchten.

Erledigt

50

Im Frühling gemeinsam im Garten arbeiten

So wie im Frühling die Pflanzen blühen beginnt die Zeit in der man sich auch ein wenig um die Optik kümmern muss. Die gemeinsame Arbeit im Garten ist eine schöne und abwechslungsreiche Möglichkeit wie man zusammen Zeit verbringen und einem Hobby nachgehen kann.

Erledigt

51

Eine gemeinsame Songliste im Internet erstellen

Die Dienste im Netz erlauben es heute die verschiedensten Playlists für unterschiedlichste Zwecke zu erstellen. Es ist also ganz einfach, eine Liste mit den beliebtesten Liedern zu erstellen und sie bei jeder Gelegenheit abzurufen.

Erledigt

52

Zusammen Lotto spielen

Wer gemeinsam Lotto spielt hat nicht nur die Möglichkeit auf einen hohen Gewinn. Bei jedem Kreuz auf dem Zettel darf man ein wenig träumen und sich gemeinsam mit dem Partner vorstellen, wofür man den Hauptgewinn ausgeben würde. Ein tolles Hobby mit der Chance auf einen hohen Gewinn.

Erledigt

53

Der gemeinsame Besuch im Stadion

Der Besuch in einem Stadion oder bei einer Sportveranstaltung ist eine schöne Aktivität, die sich gerade in den Großstädten ausführen lässt. Vielleicht wird so ein neues Hobby entdeckt oder man genießt einfach die gemeinsame Zeit, während man sich an dem Treiben auf dem Spielfeld erinnert.

Erledigt

54

Die Namen in einen Baum ritzen

Die Liebe möchte für die Ewigkeit festgehalten werden. Ein Klassiker, der schon in alten Büchern festgehalten wird, liegt darin, die eigenen Namen in die Rinde eines Baumes zu ritzen. Wenn ein besonders schönes Exemplar bei den gemeinsamen Spaziergängen zu finden ist, sollte die Gelegenheit genutzt werden, sich gemeinsam zu verewigen.

Erledigt

55

Gemeinsam eine gute Tat begehen

Die gemeinsame gute Tat gibt dem Paar nicht nur ein gutes Gefühl, sondern ist auch ein Dienst an der Gesellschaft. Mit der Aushilfe in einem Verein oder einer Aktivität im Ehrenamt findet sich für die Partner etwas das ihnen gemeinsame Zeit und das Gefühl bietet Gutes getan zu haben.

Erledigt

56

Zusammen den neusten Tatort gucken

Der Tatort begleitet Menschen schon seit Jahrzehnten an jedem zweiten Sonntag. Das ist eine Tradition, die man auch in der heutigen Zeit durchaus noch aufnehmen kann. In das Kissen gekuschelt verfolgt man gemeinsam die spannenden Fälle und erfreut sich einfach an der gemeinsamen Zeit.

Erledigt

57

Ein All You Can Eat Restaurant besuchen

Viele Restaurants bieten die Möglichkeit, sich einfach mal den Wanst vollzuhauen und zu schlemmen, bis es kein Morgen mehr gibt. Wenn man sich gegenseitig stützen muss, um wieder auf dem heimischen Sofa zu enden, weiß man, dass man eine tolle Zeit zusammen hatte.

Erledigt

58

Einmal mit der Bahn durch die Stadt fahren

Die Erkundung der gemeinsamen Heimat sollte ebenso wichtig sein, wie das Streben in die Ferne. Einmal eine Karte für den Nahverkehr gezogen, kann man sich einfach von den vielen Stationen treiben lassen und so vielleicht die eine oder andere Ecke in der eigenen Stadt entdecken, die bisher nicht auf dem Radar war.

Erledigt

59

Die Bewerbungsunterlagen des Partners optimieren

Gerade beim Lebenslauf braucht es regelmäßig mal eine kleine Aktualisierung. Vier Augen sehen mehr als zwei Augen. Wieso also nicht an einem kalten Sonntag hinsetzen und gemeinsam die Unterlagen des Partners durchsehen und optimieren? Immerhin ist das Geld aus den beruflichen Aktivitäten die Basis für das gemeinsame Leben.

Erledigt

60

Den Gips des Partners signieren

Wenn es erst einmal dazu kommt, dass eine kleine oder größere Verletzung vorliegt, sollte man diese Gelegenheit auch auf die beste Weise nutzen. So ein Gips ist eine schöne Erinnerung an eine eher fragwürdige Zeit. Sie wird noch besser, wenn man die Signatur des Partners auf dem eigenen Gips wiederfindet.

Erledigt

61

Ein Lebkuchenherz auf dem Oktoberfest kaufen

Das Oktoberfest ist eines der größten Volksfeste Deutschlands und bietet viele interessante Möglichkeiten für Paare. Einer der Klassiker bei einem Besuch, sollte sein, dass man sich gemeinsam eines der kitschigen Lebkuchenherzen gönnt, die ebenso zuckrige Sprüche darauf haben.

Erledigt

62

Gemeinsam einen Bierkrug auf dem Oktoberfest trinken

Damit man bei dem Besuch auf dem Oktoberfest nicht gleich von der Bank rutscht, sollte beim Bierkonsum ein wenig aufgepasst werden. Statt sich in den großen Biergläsern zu verlieren, ist es eine schöne Sache, sich die erste Maß auf dem Fest zu teilen.

Erledigt

63

Der Kuss in das neue Jahr

Möchte man die Liste der Dinge abhaken, die ein Paar einmal gemacht haben sollte, darf natürlich nicht der obligatorische Hollywood-Kuss zu Mitternacht des neuen Jahres fehlen. Es ist ein Beweis der Zuneigung, der zwar jedem Klischee entspringt und trotzdem eine sehr romantische Geste ist.

Erledigt

64

Gemeinsam ein Buch lesen

Bücher bieten einen Zauber, den die meisten Menschen zu schätzen wissen. Statt einfach nebeneinander zu lesen, bietet es sich an, miteinander zu lesen. Man kann sich einen gemeinsamen Titel aussuchen und findet auf diese Weise nicht nur Beschäftigung, sondern auch interessanten Stoff für Unterhaltungen.

Erledigt

65

Einen Baum pflanzen

Auch die eigene Partnerschaft sollte das eine oder andere Symbol dafür finden, dass es für die Ewigkeit geschaffen ist. Das gemeinsame Pflanzen eines Baumes ist dabei nur eine der vielen Optionen. Immer wieder kann man dabei zusehen, wie er in die Höhe wächst und dabei stellvertretend für die eigene Beziehung steht.

Erledigt

66

Einem Verein beitreten

Der gemeinsame Verein kann der Schützenverein, ein Sportverein oder eine Aktivität sein, die sich mit politischen Dingen beschäftigt. Diese Tätigkeit bietet eine neue Option, wie man zusammen Zeit verbringt und einen Ansatz findet, wie gemeinsame Leidenschaften entstehen.

Erledigt

67

Auf eine Demo gehen

Natürlich gibt es auch in politischer und gesellschaftlicher Hinsicht bei vielen Paaren starke Gemeinsamkeiten. Kaum etwas verbindet und verschmelzt einen so sehr, wie der gemeinsame Besuch einer Demonstration, um zu verdeutlichen, welche Themen im Leben der eigenen Person wichtig sind.

Erledigt

68

Den Frühjahrsputz erledigen

Gerade dann, wenn das Wetter wärmer wird, die neuen Blüten im Garten zu sehen sind und man selbst aus dem geistigen Winterschlaf erwacht, ist die Zeit aktiv zu finden. Die Sünden des Winters werden weggeputzt und gemeinsam bringt man die Basis der eigenen Beziehung wieder auf einen akzeptablen Stand.

Erledigt

69

Gemeinsam in einem See baden

Der Besuch im Schwimmbad ist eine gute Möglichkeit. Noch interessanter ist es, bei einem Ausflug anzuhalten und einfach einmal ein Bad in einem See zu nehmen und sich an dieser Tätigkeit in der Natur zu erfreuen.

Erledigt

70

Zusammen am Sonntagmorgen duschen

Eine gemeinsame Dusche ist nicht nur besonders intim, sie verbindet Partner auf die verschiedensten Weisen. Besonders der Morgen am Sonntag bietet sich an Zeit füreinander zu nehmen und gemeinsam in die Dusche zu gehen um dem Partner auf so intime Weise die Zuneigung zu beweisen.

Erledigt

71

Ein „blindes Dinner" zusammen erleben

Das Blind Dinner beraubt uns unserer Sinne und ist daher schon eine interessante Erfahrung. Noch besser wird es natürlich nur, wenn man diese Erfahrung und Erinnerung gemeinsam mit dem Partner erlebt.

Erledigt

72

Ein Möbelstück von Ikea aufbauen

Die Anleitungen aus dem schwedischen Möbelhaus sind eine Herausforderung. Leichter wird es, wenn man sich diese Sache gemeinsam mit dem Partner vornimmt und auf diese Weise nicht nur ein Möbelstück gemeinsam für die Wohnung oder das Haus kreiert, sondern sich auch zusammen über die möglichen Fehler ärgert.

Erledigt

73

Gemeinsam einen Kuchen backen

Süßigkeiten sind bekanntlich die Quelle für die Ausschüttung von Glückshormonen. Ein Kuchen ist dabei nicht nur der richtige Ansatz; bei einer gemeinsamen Aktivität lernt man ein wenig und kann sich gemeinsam daran erfreuen, einen leckeren Kuchen oder eine Torte geschaffen zu haben.

Erledigt

74

Zusammen Schlittschuhlaufen

Ein Besuch in der Eishalle oder auf dem zugefrorenen Teich sind schöne Möglichkeiten für eine gemeinsame Aktivität. Sind beide Partner bisher nicht so auf dem Stand, was die Balance angeht, wird gemeinsames Lachen beinahe garantiert sein, sobald die ersten Stürze passieren.

Erledigt

75

Gemeinsam einen Berg besteigen

Gerade aktive Paare sollten sich Ziele setzen. Es muss nicht gleich der Mount Everest sein, aber die Besteigung eines Berges ist eine Herausforderung, die zusammenschweißen kann und einen ganz neuen Impuls für die Beziehung und die damit verbundenen Erfolge liefert.

Erledigt

76

Eine Fahrradtour machen

Der gemeinsame Ausflug auf dem Drahtesel ist eine tolle Möglichkeit, wie die Umwelt erkundet und das Wochenende gemeinsam miteinander verbracht werden kann. Zudem ist sportliche Ertüchtigung ohnehin eine gute Möglichkeit, wie die Partner mehr Zeit miteinander verbringen.

Erledigt

77

Einmal zusammen im Meer schwimmen

Für viele Menschen ist das Meer gleichbedeutend mit dem Ruf in die Ferne. Wer einmal die Möglichkeit hat, sollte den Partner einfach packen und ihn oder sie in die Wellen ziehen, damit man gemeinsam diesem fernen Ruf mit einem Bad im Salzwasser nachkommt.

Erledigt

78

Ein gemeinsames Patenkind in einem armen Land suchen

Wohltätigkeit ist eine gute Sache und ist auch für die meisten Beziehungen ein interessanter Ansatz. Der Austausch mit dem Patenkind ist nicht nur eine gute Sache, sie bietet auch viele interessante Informationen über fremde Länder und Schicksale, die man ergründen sollte.

Erledigt

79

Ein Besuch beim Paartherapeuten

Ein Therapeut muss nicht unbedingt dann aufgesucht werden, wenn etwas nicht so läuft, wie man es erwartet. Der Profi in Sachen Beziehungen kann interessante neue Impulse liefern und vorbeugen. Vielleicht findet man ja interessante neue Ansätze für das eigene Leben und für die Beziehung.

Erledigt

80

Der Besuch im Autokino

Für viele Jahre war das Autokino von der Bildfläche verschwunden. In der heutigen Zeit wird diese klassische Form der Unterhaltung wieder beliebter. Der Besuch im Autokino verbindet die Erinnerung an die Vergangenheit mit der gemeinsamen Erinnerung an eine tolle Aktivität.

Erledigt

81

Einmal in einem Nachtclub Swing tanzen

Für viele Jahre war der Swing der Ausdruck überhaupt, wenn es um das Vergnügen geht. Noch heute besteht die Möglichkeit, dass man in den Städten diesem besonderen Tanz nachkommt und dabei nicht nur gemeinsam mit dem Partner Spaß hat, sondern auch die anderen Gäste mit den eigenen Tanzkünsten beeindruckt.

Erledigt

82

Das gemeinsame Picknick im Park veranstalten

Ein Picknick ist eine romantische Möglichkeit, wie man in der Natur gemeinsam Zeit verbringen kann. Leckere Speisen und die Unterhaltung sind eine tolle Möglichkeit, wie man einen weiteren Punkt erledigen kann, der in vielen Filmen in Hollywood präsentiert wird.

Erledigt

83

Wie Jugendliche eine Pyjamaparty veranstalten

Die Erinnerung an die Kindheit ist gerade in den späteren Jahren ein wenig mit Wehmut verbunden. Warum sollte man nicht die Gelegenheit nutzen und sich noch einmal in diese Zeit begeben? Die Pyjama-Party mit dem Partner ist eine interessante Option und kann Erinnerungen aus der Kindheit wecken.

Erledigt

84

Einen Anstarrwettbewerb veranstalten

Wer blinzelt zuerst? Wer gibt zuerst nach? Wettbewerbe mit dem Partner bringen ein ganz besonderes Feuer in die Beziehung. Der Anstarrwettbewerb kann am Frühstückstisch oder einfach an jedem Ort passieren und ist eine humorvolle Tätigkeit die man einmal mit dem Partner erlebt haben sollte.

Erledigt

85

Einmal ein Wettessen veranstalten

Und am Ende kann man sich dafür auch noch einen Titel geben! Bester-Pastaesser, Königin der Hot Dogs oder Kaiser der Burger. Einmal wieder Kind sein und herausfinden, wer mehr in seinem Magen bekommt ohne direkt zu kapitulieren.

Erledigt

86

Gemeinsam in einer Bar so tun als wäre man sich fremd

Noch ein Klischee aus den Filmen, das einen interessanten Impuls aus der Wirklichkeit bietet. Wer den eigenen Partner noch einmal völlig neu in einer Bar kennen lernt, hat nicht nur einen interessanten Impuls für die Beziehung, sondern steht vor einem interessanten Abenteuer.

Erledigt

87

Einen Film als ewige Erinnerung drehen

Das Internet hat die Form der Erinnerungen verändert. Wer aber einen Film über ein besonderes Abenteuer oder nur das gemeinsame Leben dreht, hat auch heute noch eine ewige Erinnerung an eine schöne und vor allem gemeinsame Zeit zur Verfügung.

Erledigt

88

Zu einer Weinverkostung gehen

Wein ist eine tolle kulturelle und vor allem kulinarische Ergänzung. Da es nicht immer ganz einfach ist, die vielen Unterschiede bei den Weinsorten zu erkennen, ist der gemeinsame Besuch auf einer Verköstigung eine tolle Beschäftigung für Paare

Erledigt

89

Sich einen Stern kaufen

Die Möglichkeit, einen Stern nach sich zu benennen, ist vermutlich eine der romantischsten Möglichkeiten, die überhaupt zur Verfügung stehen. Ein Blick in den Himmel, und vielleicht entdeckt man das Funkeln, das sinnbildlich für die gemeinsame Verbindung steht.

Erledigt

90

Eine Karaoke Bar besuchen

Einfach einmal albern sein. Das gelingt an kaum einem Ort so gut, wie in einer Bar, in der genau das auf dem Programm steht. Hier finden sich viele Möglichkeiten, sich gemeinsam auszuleben und den Song zu singen, der für die Beziehung steht.

Erledigt

91

Gemeinsam Sushi machen

Sushi ist eine Handwerkskunst, die gelernt sein möchte. Man kann sich aber durchaus auf das gemeinsame Abenteuer einlassen, die frischen Rollen einmal im eigenen Haushalt herzustellen. Das ist eine Aktivität, die Fingerspitzengefühl und Zusammenarbeit erfordert.

Erledigt

92

Sich gegenseitig malen

Für diese Aktivität braucht es nicht einmal großes künstlerisches Geschick. Eigentlich ist der Wille wichtiger als die tatsächliche Ausführung. Und auf diese Weise entsteht mit absoluter Sicherheit eine einmalige Erinnerung.

Erledigt

93

Einen spontanen Last Minute Urlaub machen

Einfach die Sachen packen, sich zum Flughafen begeben und die Reise nehmen die gerade zur Verfügung steht. Ein solches Abenteuer ist mit Gewissheit mit tollen Erinnerungen verbunden und zeugt von der Spontanität in der eigenen Beziehung.

Erledigt

94

Gemeinsam in die Sterne blicken

Manchmal ist es wichtig, dass man das schnelle Leben um sich herum einfach mal zur Seite lässt und sich auf die eigene Person oder Beziehung besinnt. Das klappt kaum besser als in dem Augenblick, in dem man sich in das feuchte Gras legt und zusieht, wie sich die Sterne über dem eigenen Kopf bewegen.

Erledigt

95

Für ein Wochenende auf dem Bauernhof leben

Zurück zur Natur: Das ist das Thema, wenn sich Paare dazu entscheiden, einfach ein Wochenende auf einem Bauernhof zu verbringen. Diese Rückkehr zu unseren Wurzeln ist eine tolle gemeinsame Aktivität und bietet einen Einblick in eine ganz andere Zeit.

Erledigt

96

In der Natur zelten

Ebenso kann es interessant sein, einmal auf das Hotel zu verzichten und sich ein wenig mehr auf die Natur zu besinnen. Mit wenig mehr als einem Zelt und ein paar Vorräten begibt man sich in die Natur und erlebt gemeinsam mit dem Partner eine Nacht in der vollkommenen Abgeschiedenheit - eine Abgeschiedenheit, die zu verbinden weiß.

Erledigt

97

Zusammen ein Krimidinner besuchen

Nicht ohne Grund sind die Krimidinner in den letzten Jahren so beliebt geworden. Vielleicht wird man ja spontan selbst zu einem Statisten in der Geschichte und hat sich am Ende des Abends eine Menge über diesen Besuch zu erzählen.

Erledigt

98

Einen Horrorfilm schauen

Sich gemeinsam zu gruseln ist nicht nur eine tolle Ausrede für Kuscheleinheiten während eines Films, sondern bietet einen tollen und spannenden Abend. Wichtig: Vorher abklären, welche Art von Horror es sein soll, damit es nicht für einen Partner zu einem wirklich unangenehmen Abend wird.

Erledigt

99

Pferde mieten und am Strand reiten

Auch hierbei handelt es sich natürlich wieder um eine typische Szene, die uns in Filmen suggeriert wird. Aber wieso sollte man das eigentlich nicht erleben? Es ist ein kleiner Traum, den man sich mit einfachen Mitteln verwirklichen kann.

Erledigt

100

Romeo & Julias Balkon besuchen

Der Besuch von Romeo und Julias Balkon in Verona ist ein kulturelles Stück Geschichte. Vielleicht findet man ja selbst seine eigene Geschichte, auch wenn sie weit weniger Drama als das Original bietet.

Erledigt

101

Heiraten

Wer all diese Dinge erledigt und gemeinsam mit dem Partner durchgestanden hat, sollte wirklich nicht mehr zögern, den letzten gemeinsamen Schritt zu gehen. Der Gang vor den Traualtar muss nicht unbedingt als letzter Schritt erfolgen - wohl ist es aber die Krönung der gemeinsamen Zuneigung, Zeit und Gemeinschaft, die sich im Laufe der Jahre entwickelt hat.

Erledigt

Hat dir das Buch gefallen?

Dann bewerte es bitte mit 5 Sternen auf www.amazon.de, weil du damit anderen die Entscheidung erleichterst.
Lediglich 4 Sterne sind keine gute Bewertung für Amazon, deshalb bitte 5 Sterne.

Rufe dazu dieses Buch auf Amazon auf und scrolle nach unten zu den Kundenrezensionen. Klicke dort auf den Button "Kundenrezension verfassen".

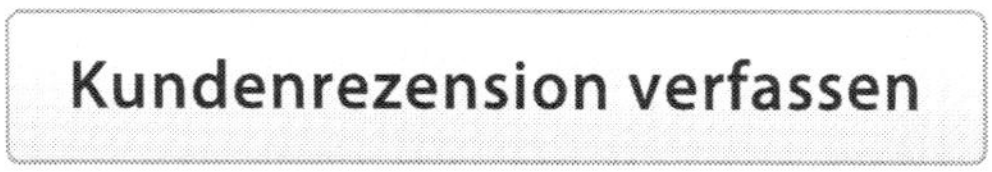

Oder einfacher ist es, wenn du lediglich die folgende Adresse eintippst. Du wirst direkt zur entsprechenden Seite für deine Kundenrezensionen bei Amazon weitergeleitet:

www.meinerezensionen.de/55

Klicke dann auf den 5. Stern und gib deine Meinung zum Buch ein: Was hat dir besonders gut gefallen? Wem würdest du das Buch empfehlen?

Wenn du zusätzlich noch ein Foto des Buchs hinzufügst, würdest du uns eine ganz besondere Freude machen. Klicke zum Schluss auf „Senden“.

Vielen Dank im Voraus für deine Mithilfe!

Printed in Poland
by Amazon Fulfillment
Poland Sp. z o.o., Wrocław

80198418R00063